U0153968

掌中書
028

南遊雜憶

胡適——著

五南圖書出版公司 印行

學識新知・與眾共享

——單手可握，處處可讀

「眞正高明的人，就是能夠藉助別人智慧，來使自己不受蒙蔽。」蘇格拉底如是說。二千多年後培根更從積極面，點出「知識就是力量」。擁有知識，掌握世界，海闊天空！

可是：浩繁的長篇宏論，時間碎零，終不能卒讀。

或是：焠出的鏗鏘句句，字少不成書，只好窖藏。

於是：古有「巾箱本」，近有「袖珍書」。「巾箱」早成古代遺物；時下崇尚短露，已無「袖」可藏「珍」。

面對：微型資訊的浪潮中，唯獨「指掌」可用。一書在手，處處可讀。這就是「掌中書」的催生劑。極簡閱讀，走著瞧！

輯入：盡是學者專家的眞知灼見，時代的新知，兼及生活的智慧。

希望：爲知識分子、愛智大眾提供具有研閱價值的精心之作。在業餘飯後，舟車之間，感悟專家的智慧，享受閱讀的愉悅，提升自己的文化素養。

五南：願你在悠雅閒適中……

慢慢讀，細細想

「掌中書系列」出版例言

一　本系列之出版，旨在爲廣大的知識分子、愛智大眾，提供知識類的小品，滿足所有的求知慾，使生活更加便利充實，並提升個人的一般素養。

二　本系列含括知識的各個層面，生活的方方面面。生活的、人文的、社科的、藝術的，以至於科普的、實務的，只要能傳揚知識、增廣見聞，足以提升生活品味、個人素養的，均輯列其中。

三　本系列各書內容著重知識性、實務性，兼及泛眾性、可讀性；避免過於深奧，以適合一般知識分子閱讀的爲主。至於純學術性的、研究性的讀本，則不在本系列之內。自著或翻譯均宜。

四　本系列各書內容，力求言簡意賅、凝鍊有力。十萬字不再多，五萬字不嫌少。

五　爲求閱讀方便，本系列採單手可握的小開本。在快速生活節奏中，提供一份「單手可握，處處可讀」的袖珍版、口袋書。

六　本系列園地公開，人人可耕耘，歡迎知識菁英參與，提供智慧結晶，與眾共享。

叢書主編

二〇二三年一月一日

序

我這一次因為接受香港大學的名譽學位，作第一次的南遊，在香港住了五天，在廣州住了兩天半，在廣西住了十四天。這些地方都是我多年想去而始終沒有去成的，這回得有暢遊的機會，使我很欣慰。可惜南方的朋友待我太好了，叫我天天用嘴吃喝，天天用嘴說話，嘴太忙，所以用眼睛耳朵的機會就少了。前後二十多天之中，我竟沒有工夫寫日記。從來在大公報和國聞週報上讀了胡政之先生的兩種兩粵遊記，我很感覺慚愧。他遊兩粵，恰在我之後，走的路線也恰和我走的大致一樣；但他是一個有訓練的名記者，勤於記載每天的觀察，所以他的遊記能供讀者參考。我因為當時沒有日記，回家後又兩次患流行性感冒，前後在床上睡了十天，事隔日久，追憶起來更糢糊了。但因為許多朋友的催逼，所以我決定寫出一些追憶的印象和事實，做我第一次南遊的報告。

目次

香港

我在元旦上午坐哈里生總統船南下，一月四日早晨到香港，住在香港大學副校長韓耐兒（Sir William Horenell）的家裡。我在香港的日程，已先託香港大學文學院長佛斯脫先生（Dr. L. Forster）代爲排定。西洋人是能體諒人的，所以每天上午都留給我自由支配，一切宴會講演都從下午一點開始。所以我在港五天，比較從容，玩了不少地方。

船到香港時，天還未明，我在船面上眺望，看那輕霧中的滿山燈光，眞像一天繁星。韓校長的家在半山，港大也在半山，在山上望見海灣，望見遠近的島嶼，氣象

比青島大連更壯麗。香港的山雖不算很高，但幾面都靠海，山和海水的接近，是這裡風景的特色。有一天佛斯脫先生夫婦邀我遊覽香港背面的山水，遍覽淺水港、深水灣、香港仔和赤柱各地。陽曆的一月正是香港最好的天氣。滿山都是綠葉，到處可以看見很濃豔的鮮花；我們久居北方的人，到這裡真有「趕上春了」的快樂。我們在山路上觀看海景，到聖士提反學校小坐喝茶，看海上的斜陽，風景特別清麗。晚上到佛斯脫先生家去吃飯，坐電車上山，走上山頂（The Peak），天已黑了，山頂上有輕霧，遠望下去，看那全市的燈火，氣象比紐約和舊金山的夜色還壯麗。有個走遍世界的朋友曾說，香港的夜景，只有南美洲巴西首都里阿德耶內羅[1]（Rio de Janeiro）和澳洲的西德內（Sidney）兩處可以相比。過了一天，有朋友邀我去遊九龍，因時間太晚，故走的不遠，但大埔和水塘一帶風景的美麗已夠使我們驚異了。

有一天，我在扶輪社午餐後演說，提到香港的風景之美，我說：香港應該產生詩人和畫家，用他們的藝術來讚頌這裡的海光山色。有些人聽了頗感覺詫異。他們看慣了，住膩了，終日只把這地方看作一個吃飯做買賣的商場，所以不能欣賞那山水的美景。但二十天之後，我從廣西回到香港時，有人對我說，香港商會現在決定要編印一部小冊子，描寫香港的風景，他們準備印兩萬本，來宣傳香港的山水之美！

[1] 即指里約熱內盧。自一九六〇年起，巴西將首都遷至巴西利亞。

香港大學最有成績的是醫科與工科，這是外間人士所知道的。這裡的文科比較弱，文科的教育可以說是完全和中國大陸的學術思想不發生關係。這是因爲此地英國人士向來對於中國文史太隔膜了，此地的中國人士又太不注意港大文科的中文教學，所以中國文字的教授全在幾個舊式科第文人的手裡，大陸上的中文教學早已經過了很大的變動，而港大還完全在那變動大潮流之外。近年副校長韓君與文學院長佛君都很注意這個問題，他們兩人去年都曾到北方訪問考查；去年夏天港大曾請廣東學者陳受頤先生和容肇祖先生到這裡來研究港大的中文教學問題，請他們自由批評並指示改革的途徑。這種虛心的態度是很可以佩服的。我在香港時，感覺港大當局確有改革文科中國文字教學的誠意，本地紳士，如周壽臣、羅旭和諸先生也都熱心贊助這件改革事業。但他們希望一個能主持這種改革計畫的人，這個人必須兼有四種資格：㈠須是一位高明的國學家，㈡須能通曉英文，能在大學會議席上爲本系辯護，㈢須是一位有管理才幹的人，㈣最好須是一位廣東籍的學者。因爲這樣的人才一時不易得，所以這件改革事業至今還不曾進行。

香港大學創始於愛里鶚爵士（Sir Charles Eliot），此君是一位博學的學者，精通梵文和巴利（Pali）文，著有「印度教與佛教」三鉅冊；晚年曾任駐日本大使，退休後即寄居奈良，專研日本的佛教，想著一部專書。書稿未成，他因重病回國，死在印度洋的船上。一九二七年五月，我從美國回來，經過日本奈良，曾在奈良旅館裡見

著他。那一天同餐的，有法國的勒衛先生（Sylvan Levi）、瑞士（現改法國籍）的戴彌微先生（Demieville）、日本的高楠順次郎先生和法隆寺的佐伯方丈，五國研究佛教的學人聚在一堂，可稱盛會。於今不過八年，那幾個人都雲散了，而當日餐會的主人已葬在海底了！

愛里鶚校長是最初推薦鋼和泰先生（Baron Stzel Hodstein）給北京大學的人。鋼先生從此留在北京，研究佛教，教授梵文和藏文，至今十五、六年了。香港大學對中國學術上的貢獻，大概要算這件事為最大。可惜愛里鶚以後，這樣學術上的交通就不曾繼續了。

香港的教育問題，不僅是港大的中文教學問題。我在香港曾和巢坤霖先生、羅仁伯先生細談，才知道中小學的中文教學問題更是一個急待救濟的問題。香港的人口，當然絕大多數是中國人。他們的兒童入學，處處感覺困難。最大的困難是那絕大多數的華文學校和那少數的英文中學不能相銜接，華文學校是依中國新學制的「六六制」所辦，小學六年，中學也六年。英文中學卻有八年。依年齡的分配，在理論上，一個兒童讀了四年小學，應該可以接上英文中學的最低級（第八級）。事實上卻不然，華人子弟往往要等到初中二、三年（即第八、九年）方才能考英文中學。其間除了英文之外，其餘的他種學科都是學過了還須重習的。這樣的不相銜接，往往使兒童枉費三年至五年的光陰。所以這是一個最嚴重的問題。香港與九龍的華文學校約有八百所，其中六百校是完全私立的，二百校是稍有政府津貼的。英文中學校之中，私立的約有一百校，其餘最好的三十校又分三種：一種是官立的，一種是政府補助的，一種是英國教會辦的。因爲全港受英國統治與商業的支配，故學生的升學大家當然傾向那三十所設備最好的英文中學。無力升學的學生，也因爲工商業都需要英文與英語，而有輕視其他學科的傾向。還有一些人家，因爲香港生活程度太高，學費太貴，往往把子弟送往內地去求學；近年中國學校不能收未立案的學校學生，所以香港兒童如想在內地升學，必須早入中國的立案學校。所以香港的中小學教學問題最複雜。家長大都希望子弟能早學英文，又希望他們能多學一點中國文字，同時廣東人的守舊風氣使他們迷戀中國古文，不肯徹底改用國語課本。結果在絕大多數的中文學校裡，文言課本還是很占勢力，師資既不易得，教學的成績自然不會好了。

羅仁伯先生是香港中文學校的視學員，他很虛心考慮這個中文教學的問題，也不反對白話文。但他所顧慮的是：白話不是廣東人的口語，廣東兒童學白話未必比學文言更容易，也未必比學文言更有用。這不僅是他一個人的顧慮，廣東朋友往往有這種見解。其實這種意思是錯的。

1. 今日的「國語」本是一種活的方言，因為流行最廣，又已有文學作品做材料，所以最容易教學，學了也最有用。廣東話也是一種活的方言，但流行比較不遠，又產生的文學材料太少，所以不適宜用作教學工具。廣東人雖不說國語，但他們看白話小說、新體白話文字，究竟比讀古書容易的多了。

2. 「廣東話」決不能解決華南一帶語言教學問題，因為華南的語言太複雜了，廣東話之外，還有客話、潮州話等等。因為華南的語言太複雜了，所以用國語作統一的語言實在比在華北、華中還更需要。

3. 古文是不容易教的，越下去，越不容易得古文師資。而國語師資比較容易培養。

4.國語實在比古文豐富的多，從國語入手，把一種活文字弄通順了，有志學古文的人將來讀古書也比較容易。

5.我想香港的小學、中學若徹底改用國語課本，低級修業年限或可以縮短一、二年。

將來謀中文學校與英文中學的銜接與整理，這也許是很可能的一個救濟方法——所以我對於香港的教育家，很誠懇的希望他們一致的改用國語課本。

我在香港講演過五次，三次用英文，兩次用國語。在香港用國語講演，不是容易的事。一月六日下午，我在香港華僑教育會向兩百多華文學校的教員演說了半點鐘，他們都說可以勉強聽官話，所以不用翻成廣東話。我說得很慢，自信是字字句句清楚的。因爲我怕他們聽不明白，所以這篇演說裡沒有一句不是很淺近的話。第二天各華字報登出會場的筆記，我在大光報上讀了一遍，覺得大旨不錯，我很高興，因爲這樣一份有七八成正確的筆記使我相信香港的中小學教員聽國語的程度並不壞，這是最可樂觀的現象，在十年前這是決不可能的。後來廣州各報轉載，更後來北方各報轉載，大概都出於一個來源，都和大光報相同。其中當然有一些聽錯的地方，和記述白話語氣不完全的地方。例如我提到教育部王部長的廣播演說，筆記先生好像不知道王世杰先生，所以記作汪精衛先生了。又如我是很知道廣州人對香港的感情的，所以我很小心的說「我希望香港的教育家接受新文化，用和平手段轉移守舊勢力，使香港成爲南方的一個新文化中心」，我特別把「一個新文化中心」說得很清楚，但筆記先生好像做不慣白話文，他輕輕的把「一個」兩字丟掉了，後來引起了廣州人士不少的醋意！又如最後筆記先生記的有這樣一句話：

現在不同了。香港最高級教育當局也想改進中國的文化。

這當然是很錯誤的記錄：我說的是香港最高教育當局現在也想改善大學裡的中國文學教學了，所以我接著說港大最近請兩位中國學者來計畫中文系的改革事業。凡有常識而無惡意的讀者，看了上下文，決不會在這一句上挑眼的，誰知這句句子後來在中山大學鄒校長的筆下竟截去了上下文，成了一句天下馳名的名句！

那篇演說，因爲各地報紙都轉載了，並且除了上述各點小誤之外，記載的大體不錯，所以我不用轉載在這裡了。我的大意是勸告香港教育家充分利用香港的治安和財富，努力早日做到普及教育；同時希望他們接受中國大陸的新潮流，在思想文化上要向前走，不要向後倒退。可是我在後半段裡提到廣東當局反對白話文，提倡中小學讀經的政策。我說得很客氣，筆記先生記的是：

現在廣東很多人反對用語體文，主張用古文；不但古文，而且還提倡讀經書。我眞不懂。因爲廣州是革命策源地，爲什麼別的地方已經風起雲湧了，而革命策源地的廣東尚且守舊如此。

這段筆記除了「風起雲湧」四個字和「尚且」二字我決不會用的，此外的語氣大致不錯。我說得雖然很客氣，但讀經是陳濟棠先生的政策，並且曾經在西南政務會議正式通令西南各省，我的公開反對是陳濟棠先生不肯輕輕放過的。於是我這篇最淺近的演說在一月八日廣州報紙上登出之後，就引起很嚴重的反對。我絲毫不知道這回事，八日的晚上，我上了「泰山」輪船，一覺醒來，就到了廣州。

羅文幹先生每每取笑我愛演說，說我「賣膏藥」。我不懂這句話的意思，直到那晚上了輪船，我才明白了。我在頭等艙裡望見一個女人在散艙中站著演說，我走過去看，聽不懂她說的是什麼問題，只覺得她侃侃而談，滔滔不絕，很像是一位有經驗的演說大家。後來問人，才知道她是賣膏藥的，在那邊演說她手裡的膏藥的神效。我忍不住暗笑了：明天早起，我也上省賣膏藥去！

廣州

一月九日早晨六點多，船到了廣州，因有大霧，直到七點，船才能靠碼頭。有一些新舊朋友到船上來接我，還有一些新聞記者圍住我要談話。有一位老朋友托人帶了一封信來，要我立時開看。我拆開信，中有云：「兄此次到粵，諸須謹慎。」我不很了解，但我知道這位朋友說話是可靠的。那時和我同船從香港來的有嶺南大學教務長陳榮捷先生，到船上來歡迎的有中山大學文學院長吳康先生、教授朱謙之先生，還有地方法院院長陳達材先生，他們還不知道廣州當局對我的態度。陳榮捷先生和吳康先生還在船上和我商量我的講演和宴會的日程。那日程確是可怕！除了原定的中山大學和嶺南大學各講演兩次之外，還有第一女子中學、青年會、歐美同學會等，四天之中差不多有十次講演。上船來的朋友還告訴我：中山大學鄒魯校長出了布告，全校學生停課兩天，使他們好去聽我的講演。又有人說：青年會昨天下午開始賣聽講劵，一個下午賣出了兩千多張。

我跟著一班朋友到了新亞酒店，已是八點多鐘了。我看廣州報紙，才知道昨天下午西南政務會議開會，就有人提起胡適在香港華僑教育會演說公然反對廣東讀經政策，但報紙上都沒有明說政務會議議決如何處置我的方法。一會兒，吳康先生送了一封信來，說：

> 適晤鄒海濱先生云：此間黨部對先生在港言論不滿，擬勸先生今日快車離省，暫勿演講，以免發生糾紛。

鄒吳兩君的好意是可感的，但我既來了，並且是第一次來觀光，頗不願意就走開。恰好陳達材先生問我要不要看看廣州當局，我說：林雲陔主席是舊交，我應該去看看他。達材就陪我去到省政府，見著林雲陔先生，他大談廣東省政府的「三年建設計畫」。他問我要不要見見陳總司令，我說，很好。達材去打電話，一會兒他回來說：陳總司令本來今早要出發向派出剿匪的軍隊訓話，因爲他要和我談話，特別改遲出發。總司令部就在省政府隔壁，可以從樓上穿過去。我和達材走過去，在會客室裡略坐，陳濟棠先生就進來了。

陳濟棠先生的廣東官話，我差不多可以全懂。我們談了一點半鐘，大概他談了四十五分鐘，我也談了四十五分鐘。他說的話很不客氣：「讀經是我主張的，祀孔是我主張的，拜關岳也是我主張的。我有我的理由。」他這樣說下去，滔滔不絕。他說：「我民國十五年到莫斯科去研究，我是預備回來做紅軍總司令的。」但他後來覺得共產主義是錯的，所以他決心反共了。他繼續說他的兩大政綱：第一是生產建設，第二是做人。生產的政策就是那個「三年計畫」，包括那已設或未設的二十幾個工廠，其中有那成立已久的水泥廠，有前五、六年才開工出糖的糖廠。他談完了他的生產建設，轉到「做人」，他的聲音更高了，好像是怕我聽不清似的。他說：生產建設可以儘量用外國機器、外國科學，甚至於不妨用外國工程師。但「做人」必須有「本」，這個「本」必須要到本國古文化裡去尋求。這就是他主張讀經祀孔的理論。他演說這「生產」、「做人」兩大股，足足說了半點多鐘。他的大旨和胡政之先生「粵桂寫影」所記的陳濟棠先生一小時半的談話相同，大概這段大議論是他時常說的。

我靜聽到他說完了，我才很客氣的回答，大意說；「依我的看法，伯南先生的主張和我的主張只有一點不同。我們都要那個『本』，所不同的是：伯南先生要的是『二本』，我要的是『一本』。生產建設需要科學，做人需要讀經祀孔，這是『二本』之學。我個人的看法是：生產要用科學知識，做人也要用科學知識，這是『一本』之學。」

他很嚴厲的睜著兩眼，大聲說：「你們都是忘本！難道我們五千年的老祖宗都不知道做人嗎？」

我平心靜氣的對他說：「五千年的老祖宗，當然也有知道做人的。但就絕大多數的老祖宗說來，他們在許多方面實在夠不上做我們『做人』的榜樣。舉一類很淺的例子來說罷。女人裹小腳，裹到把骨頭折斷，這是全世界的野蠻民族都沒有的慘酷風俗。然而我們的老祖宗安然行了一千多年。大聖大賢，兩位程夫子沒有抗議過，朱夫子也沒有抗議過，王陽明、文文山也沒有抗議過。這難道是做人的好榜樣？」

他似乎很生氣，但也不能反駁我。他只能罵現存中國的教育，說「都是亡國的教育」；他又說，現在中國人學的科學，都是皮毛，都沒有「本」，所以都學不到人家的科學精神，所以都不能創造。在這一點上，我不能不老實告訴他：他實在不知道中國這二十年中的科學工作。我告訴他：現在中國的科學家也能做有價位的貢獻了，並且這些第一流的科學家又都有很高明的道德。他問，「有些什麼人？」我隨口舉了數學家的姜蔣佐、地質學家的翁文灝和李四光、生物學家的秉志，——都是他不認識的。

關於讀經問題，我也很老實的對他說：我並不反對古經典的研究，但我不能贊成一班不懂得古書的人們假借經典來做復古的運動。

「這回我在中山大學的講演題目本來是兩天都講『儒與孔子』，這也是古經典的一種研究。昨天他們寫信到香港，要我一次講完，第二次另講一個文學的題目。我想讀經問題正是廣東人士眼前最注意的問題，所以我告訴中山大學吳院長，第二題何不就改作『怎樣讀經？』我可以同這裡的少年人談談怎樣研究古經典的方法。」我說這話時，陳濟棠先生回過頭去望著陳達材，臉上做出一種很難看的獰笑。我當作看不見，仍舊談下去。但我現在完全明白是誰不願意我在廣州「賣膏藥」了！

以上記的，是我們那天談話的大概神情。旁聽的只有陳達材先生一位。出門的時候，達材說，陳伯南不是不能聽人忠告的，他相信我的話可以發生好影響。我是相信天下沒有白費的努力，但對達材的樂觀我卻不免懷疑。這種久握大權的人，從來沒有人敢對他們說一句逆耳之言，天天只聽得先意承志的阿諛諂媚，如何聽得進我的老實話呢？

在這裡我要更正一個很流行的傳說。在十天之後，我在廣西遇見一位從廣州去的朋友，他說，廣州人盛傳胡適之對陳伯南說：「岳武穆曾說，『文官不要錢，武官不怕死，天下太平矣。』我們此時應該倒過來說，『武官不要錢，文人不怕死，天下太平矣。』」——這句話確是我在香港對胡漢民先生說的。我在廣州，朋友問我見過胡展堂沒有，我總提到這段談話。那天見陳濟棠先生時，我是否曾提到這句話，我現在記不清了。大概廣州人的一般心理，覺得這句話是我應該對陳濟棠將軍說的，所以不久外間就有了這種傳說。

我們從總司令部出來，回到新亞酒店，羅鈞任先生、但怒剛先生、劉毅夫（沛泉）先生、羅努生先生、黃深微（騷）先生、陳榮捷先生，都在那裡。中山大學文學院長吳康先生又送了一封信來，說：

鄙意留省以勿演講爲妙。黨部方面空氣不佳，發生糾紛，反爲不妙。鄒先生云：昨爲黨部高級人員包圍，渠無法解釋。故中大演講只好布告作罷。渠云，個人極推重先生，故前布告學生停課出席聽先生講演。惟事已至此，只好向先生道歉，並勸先生離省，冀免發生糾紛。

一月九日午前十一時。

鄒校長的爲難，我當然能諒解。中山大學學生的兩天放假沒有成爲事實，我卻可以得著四天的假期，豈不是意外的奇遇？所以我和陳榮捷先生商量，爽性把嶺南大學和其他幾處的講演都停止了，讓我痛痛快快的玩兩天。我本來買了來回船票，預備趕十六日的塔虎脫總統船北回，所以只預備在廣州四天，在梧州一天。現在我和西南航空公司劉毅夫先生商量，決定在廣州只玩兩天，又把船期改到十八日的麥荊尼總統船，前後多出四天，坐飛機又可以省出三天，我有七天（十一日至十八日）可以飛遊南寧和柳州桂林了。羅鈞任先生本想遊覽桂林山水，他到了南寧，因爲他的哥哥端甫先生（文莊）死了，他半途折回廣州。他和羅努生先生都願意陪我遊桂林，我先去梧州講演，鈞任等到十三日端甫開弔事完，飛到南寧會齊，同去遊柳州桂林。我們商量定了，我很高興，就同陳榮捷先生坐小汽船過河到嶺南大學鍾榮光校長家吃午飯去了。

那天下午五點，我到嶺南大學的教職員茶會。天氣很熱，茶會就在校中的一塊草地上，大家團坐吃茶點談天。嶺大的學生知道了，就有許多學生來旁觀。人越來越多，就把茶會的人包圍住了。起先他們只在外面看著，後來有一個學生走過來對我說：「胡先生肯不肯在我的小冊子上寫幾個字？」我說可以，他就摸出一本小冊來請我題字。這個端一開，外面的學生就湧進茶會的圍坐圈子裡來了。人人都拿著小冊子和自來水筆，我寫得手都酸了。天漸黑下來了，草地上蚊子多的很，我的薄襪子抵擋不住，我一面寫字，一面運動兩隻腳，想趕開蚊子。後來陳榮捷先生把我拉走，我上車時，兩隻腳背都腫了好發塊。

晚上黃深微先生和他的夫人邀我到他們家中去住，我因爲旅館裡來客太多，就搬到東山，往在他們家裡。十點鐘以後，報館裡有人送來明天新聞的校樣，才知道中山大學鄒魯校長今天出了這樣一張布告：

國立中山大學布告第七十九號

爲布告事。前定本星期四、五下午二時請胡適演講。業經布告在案。現閱香港華字日報。胡適此次南來接受香港大學博士學位之後。在港華僑教育會所發表之言論，竟謂香港最高教育當局也想改進中國的文化。又謂各位應該把它做成南方的文化中心。復謂廣東自古爲中國的殖民地等語。此等言論在中國國家立場言之。胡適爲認人作父。在廣東人民地位言之。胡適竟以吾粵爲生番蠻族，實失學者態度。應即停止其在本校演講。合行布告。仰各學院各附校員生一體知照。屆時照常上課爲要。此布。

中華民國二十四年一月九日

校長鄒魯

這個布告使我不能不佩服鄒魯先生的聰明過人。早晨的各報記載，八日下午西南政務會議席上討論胡適的罪過，明明是反對廣東的讀經政策。現在這一樁罪名完全不提起了，我的罪名變成了「認人作父」和「以吾粵爲生番蠻族」兩項！廣州的當局大概也知道「反對讀經」的罪名是不夠引起廣東人的同情的，也許多數人的同情反在我的一邊。況且讀經是武人的主張，——這是陳濟棠先生親口告訴我的——如果用「反對讀經」做我的罪名，這就成了陳濟棠反對胡適了。所以奉行武人意旨的人們必須避免這個眞罪名，必須向我的華僑教育會演說裡去另尋找罪名，恰好我的演說裡有這麼一段話：

我覺得一個地方的文化傳到它的殖民地或邊境，本地方已經變了，而邊境或殖民地仍是保留著它祖宗的遺物。廣東自古是中國的殖民地，中原的文化許多都變了，而在廣東尚留著。像現在的廣東音是最古的，我現在說的話才是新的。（用各報筆記，大致無大錯誤。）

假使一個無知苦力聽了這話忽然大生氣，我一定不覺得奇怪。但是一位國立大學校長，或是一位國立大學的中國文學系主任居然聽不懂這一段話，居然大生氣，說我是罵他們「爲生番蠻族」，這未免有點奇怪罷。

我自己當然很高興，因爲我的反對讀經現在居然不算是我的罪狀了，這總算是一大進步。孟子說的好，「乃孔子則欲以微罪行，不欲爲苟去。」鄒魯先生們受了讀經的訓練，硬要我學孔子的「做人」，要我「以微罪行」，我當然是很感謝的。

但九日的廣州各報記載是無法追改的，九日從廣州電傳到海內外各地的消息也是無法追改的。廣州諸公終不甘心讓我蒙「反對讀經」的惡名，所以一月十四日的香港英文「南華晨報」（South China Morning

Post）上登出了中山大學教授兼廣州民國日報總主筆梁民志（Prof. Liang Min-Chi）的一封英文來函，說：

我盼望能借貴報轉告說英國話的公眾，胡適博士在廣州所受冷淡的待遇，並非因爲（如貴報所記）「他批評廣州政府恢復學校讀經課程」，其實完全因爲他在一個香港教員聚會席上說了一些對廣東人民很侮辱又「非中國的」（Un-Chinese）批評。我確信任何人對於廣州政府的教育政策如提出積極的批評，廣州當局諸公總是很樂意聽受的。

我現在把梁教授這對信全譯在這裡，也許可以幫助廣州當局諸公多解除一點同樣的誤解。

我的膏藥賣不成了，我就充分利用那兩天半的時間去遊覽廣州的地方。黃花崗、觀音山、魚珠砲臺、石牌的中山大學新校舍、禪宗六祖的六榕寺、六百年前的五層樓鎮海樓、中山紀念塔、中山紀念大禮堂都遊遍了。中山紀念塔是亡友呂彥直先生（康乃爾大學同學）設計的，圖案簡單而雄渾，爲彥直生平最成功的建築，遠勝於中山陵的圖案。黃花崗七十二烈士（中有亡友饒可權先生）墓是二十年前的新建築，中西雜湊，全不諧和，墓頂中間置一個小小的自由神石像，全仿紐約港的自由神大像，尤不相襯。我們看了民元的黃花崗，再看呂彥直設計的中山紀念塔，可以知道這二十年中國新建築學的大進步了。

我在中山紀念塔下遊覽時，忽然想起學海堂和廣雅書院，想去看看這兩個有名學府的遺跡。同遊的陳達材先生說，廣雅書院現在用作第一中學的校址，很容易去參觀。我們坐汽車到一中，門口的警察問我們要名片，達材給了他一張名片。我們走進去，路上遇著一中校長，達材給我介紹，校長就引導我們去參觀。東邊有荷花他，池後有小亭，亭上有張之洞的浮雕石像，刻得很工緻。我們正在賞玩，不知爲何被校中學生知道了，那時正是十二點一刻，餐堂裡的學生紛紛跑出來看，一會兒荷花池的四圍都是學生了。我們過橋時，有個學生拿著照相機走過來問我：「胡先生可以讓我照相嗎？」我笑著立定，讓他照了一張相。這時候，學生從各方面圍攏來，跟著我們走，有些學生跑到前面路上去等候我們走過。校長說：「這裡有一千三百位學生，他們曉得胡先生來了，都要看看你。」我很想趕快離開此地。校長說：「這裡是東齋，因爲老房屋有倒壞了的，所以全拆了重蓋新式齋舍。那邊是西齋，還保存著廣雅書院齋舍的原樣子，不可以不去看。」我只好跟他走，走到西齋，西齋的學生也知道我來了，也都跑來看我們。七八百個少年人圍著我們，跟著我們，大家都不說話，但他們臉上的神氣都很使我感動。校牆上有石刻的廣雅書院學規，我站住讀了幾條回頭看時，後面學生都紛紛擠上來圍著我們，我們幾乎走不開了。我們匆匆出來，許多學生跟著校長一直送我們到校門口。我們上了汽車，我對同遊的兩位朋友說：「廣州的武人政客未免太笨了。我若在廣州講演，大家也許來看熱鬧，也許來看看胡適之是什麼樣子；我說的話，他們也許可以懂得五六成；人看見了，話聽完了，大家散了，也就完了。講演的影響不過如此。可是我的不講演，影響反大的多了。因爲廣州的少年人都不能不想想爲什麼胡適之在廣州不講演。我的最大辯才至多只能使他們想想一兩個問題，我不講演卻可以使他們想想無數的問題。陳伯南先生們眞是替胡適之宣傳他的『不言之教』了！」

我在廣州玩了兩天半，一月十一日下午，我和劉毅夫先生同坐西南航空公司的「長庚」機離開廣州了。

我走後的第二天，廣州各報登出了中山大學中國文學系教授古直、鍾應梅、李滄萍三位先生的兩個「眞電」，全文如下：

㈠廣州分送西南政務委員會、陳總司令、林主席、省黨部、林憲兵司令、何公安局長勛鑒，昔顏介庾信，北陷虜廷，尚有鄉關之重，今胡適南履故土，反發盜憎之論，在道德爲無恥，在法律爲亂賊矣，又況指廣東爲殖民，置公等於何地，雖立正典刑，如孔子之誅少正卯可也，何乃令其逍遙法外，造謠惑眾，爲侵掠主義張目哉，今聞尚未出境，請即電令截回，逕付執憲，庶幾亂臣賊子，稍知警悚矣，否則老口北返，將笑廣東爲無人也。國立中山大學中文系主任古直、教員李滄萍、鍾應梅，等叩，眞辰。㈡探送梧州南寧李總司令、白副總司令、黃主席、馬校長勛鑒，（前段與上電同略）今聞將入貴境，請即電令所在截留，逕付執憲，庶幾亂臣賊子，稍知警悚矣，否則公方剿滅共匪，明恥教戰，而反容受劉豫、張邦昌一流人物以自玷，天下其謂公何，心所謂危，不敢不告。國立中山大學中文系主任古直、教員李滄萍、鍾應梅叩，眞午。

電文中列名的李滄萍先生，事前並未與聞，事後曾發表談話否認列名眞電。所以一月十六日中山大學日報上登出「古直鍾應梅啓事」，其文如下：

胡適出言侮辱宗國。侮辱廣東三千萬人。中山大學布告驅之。定其罪名爲認人作父。夫認人作父。此賊子也。

刑罰不加。直等以爲遺憾。眞日代電。所以義形於色矣。李滄萍教授同此慷慨。是以分之以義。其實未嘗與聞。今知其爲北大出身也。則直等過矣。嗚呼道眞之妬。昔人所歎。自今以往。吾猶敢高談教育救國乎。先民有言。丈夫行事當磊磊落落。特此相明。不欺其心。謹啓。

古直
鍾應梅　啓

這三篇很有趣的文字大可以做我的廣州雜憶的尾聲了。

廣西

我們一月十一日下午飛到梧州了，在梧州住了一夜，我在廣西大學講演一次，次日在梧州中山紀念堂公開講演一次。廣西大學校長馬君武先生是我的老師，校中教職員有許多是中國公學的老朋友，所以我在梧州住的一天是最快樂的。大學在梧州的對岸，中間是撫河（灕水），南面是西江。我們到的太晚了，晚上講演完後，在老同學謝厚藩先生的家裡喝茶大談，夜深過江，十二日講演完後，吃了飯就上飛機飛南寧了，始終沒有機會參觀西大的校舍與設備，這就是用嘴不能用眼的害處了。

十二日下午到南寧（邕寧），見著白健生先生、潘宜之先生、邱毅吾（昌渭）先生等，都是熟人。住在樂群社，是一個新式的俱樂部，設備很好。梧州與南寧都有自來水，內地省分有兩個有自來水的城市，是很難得的。白先生力勸我改船期，在廣西多玩幾天。我因爲我的朋友貴縣羅爾綱先生的夫人和兒女在香港等候我伴送他們北上，不便改期。十四日羅鈞任和羅努生如約到了南寧，白健生先生又托他們力勸。白先生說，他可以實行古直先生們的「眞電」，封鎖水陸空的交通，把我扣留在廣西！後來我托省政府打電報請廣西省銀行的香港辦事處把我和羅太太一家的船票都改了二十六日的胡佛總統船。這樣一改，我在廣西還可住十二天，儘夠暢遊桂林山水了。

我在邕寧住了六天，中間和羅努生到武鳴遊了一天。鈞任飛去龍州玩了一天，回來極口稱美龍州的山水，可惜我不曾去。我在邕寧講演了五次。十九日飛往柳州，住在航空署，見著廣西航空界的一般青年領袖。鈞任努生和我在柳州遊覽了半天，公開講演一次。二十日上午飛往桂林，在桂林講演了兩次，遊覽了兩天，把桂林附近的名勝大致遊遍了。二十二日上午，我和鈞任努生毅夫、桂林縣公署的祕書曹先生，飛機師趙志雄、馮星航兩先生，雇了船去遊陽朔。在灕水裡走了一天半，二十三日下午才到陽朔。在陽朔遊覽了小半天，我坐汽車趕到良豐的省立師範專科學校講演一次，講演後坐汽車趕回桂林，已近半夜了。

二十四日早晨從桂林起飛，本想直飛梧州，在梧州吃午飯，毅夫夫婦約了在廣州北面的從化溫泉吃晚飯。但那天霧太低了，我們飛過了良豐，還沒到陽朔，看前面雲霧低壓，灕水的河身不寬而兩傍山高，所以飛機師趙先生決定折回向西，飛到柳州吃午飯，飯後順著柳州、潯江飛往梧州，在梧州吃夜飯，打電報到廣州去報告那些在從化等我們吃夜飯的朋友們。在梧州住了一夜，二十五日從梧州飛回廣州，趕上火車，晚上趕到香港。我們在梧州打電報問明胡佛船是二十六日早晨四點鐘要開的，前一天的大霧幾乎使我又趕脫了船期！

這是我在廣西的行程。以下先記廣西的山水。

廣西的山水是一種特異的山水。南宋大詩人范成大在他的桂海虞衡志裡說的最好：

余嘗評桂山之奇宜爲天下第一。士大夫落南者少，往往不知；而聞者亦不能信。余生東吳，而北撫遼薊，南宅交廣，西使岷峨之下，三方皆走萬里，所至無不登覽。……其最號奇秀莫如池之九華，歙之黃山，括之仙都，溫之雁蕩，夔之巫峽，此天下同稱之者。然皆數峰而止耳，又在荒絕僻遠之瀕，非凡杖間可得；且所以能拔乎其萃者，必因重岡複嶺之勢，盤亙而起，其發也有自來。桂之千峰，皆勞無延緣，悉自平地崛然特立，玉筍瑤篸，森列無際。其怪且多如此，誠當爲天下第一。……山皆中空，故峰下多佳巖洞。

范氏指出兩點特色：第一是諸峰「悉自平地崛然特立，玉筍瑤篸，森列無際」。第二是「山多中空，故峰下多佳巖洞」。這兩點都是廣西山水的特色。這樣「怪而多」的山都是石灰岩，和太湖石是同類；范石湖所指出的「山多中空，故多佳巖洞」，也正和太湖石的玲瓏孔竅同一個道理。在飛機上望下去，只看見一簇一簇的圓錐體黑山，筍也似的矗立著，密密的排列著，使我們不能不想著一千多年前柳宗元說的名句：「桂州多靈山，發地峭豎，林立四野。」這種山峰並不限於桂林，廣西全省有許多地方都有這種現象。我們在飛機上望見貴縣的南山諸峰，也是這樣的。武鳴的四圍諸山，也是這一類。我們所遊的柳州諸山，還有我們不曾去遊的柳州北面融縣眞仙巖一帶的山巖，也都和桂林陽朔同一種類。地質學者說，這種山岩並不限於廣西一省，貴州的山也屬於這一類。翁文灝先生說，這種山岩，地質學家稱爲「喀爾斯特」山岩（Karstic），在世界上，別處也有，但廣西貴州要算全世界最大的統系了。

徐霞客記廣西的山水巖洞最詳細，他在廣西遊了一年，——從崇禎丁丑（一六三七年）閏四月初八到次年三月二十七，——寫遊記凡八萬字，即丁文江標點本（商務印書館出版）卷四至卷七。這是三百年前的遊記，我們現在讀了還不能不佩服那一位千古奇人腳力之健、精力之強、眼力之深刻，與筆力之細緻。我們要知道廣西巖洞的奇崛與壯美，不可不讀徐霞客的遊記；未遊者固然應該讀，已遊者也不可不讀。因爲三百年來，還沒有第二個人有這樣偉大的好奇心，費這樣長久的時間，專搜訪自然的奇蹟，作那麼詳細的記載。他所遊的，往往有志書所不載，古今人所不知，或古人偶知而久無人到又被叢莽封塞了。所以讀過徐霞客粵西遊記的人，眞不能不感覺我們坐汽車匆匆遊山的人眞不配寫遊記：不但我們到的地方遠不如他訪搜所得的地方之多，我們到過的地方，所看見的，所注意到的，也都沒有他在三百年前攀藤摩挲所得的多而且詳盡。

凡聽說桂林山水的，無人不知道桂林的獨秀峰。圖畫上的桂林山水，也只有獨秀峰最出名。徐霞客遊遍了廣西的山水，只不曾登獨秀峰，因爲獨秀峰在桂林城中，圈在靖江王府裡，須先得靖江王的許可，外人始得登覽。徐霞客運動王府裡的和尙代爲請求，從五月初四日直到六月初一日，始終不得許可，他大失望而去。遊記中屢記此事，最後記云：

五月二十九日，入靖藩城，訂獨秀期，主僧詞甚遼緩。予初擬再至省一登獨秀，即往柳州。至此，失望，悵悵。

六月初一日，訛傳流寇薄衡水，藩城愈戒嚴，予遂無意登獨秀。獨秀山北西臨池，西南二麓予俱已遶其下，西巖亦已再探，惟東麓與絕頂未登。其異於他峰者，祇亭閣耳。

獨秀峰現在人人可以登臨了。其實此峰是桂林諸峰中的最低小的，高不過一百多尺！有石級可以從山腳盤旋直上山頂，凡三百六十級，其低可想！此峰所以獨享大名，也有理由。徐霞客已說過，「其異於他峰者，祇亭閣耳」，現時山腰與山頂尚有小亭臺可供遊人休憩，是一勝。此山在城中，登山可望全城和四圍山水，是二勝。諸峰多是石山，無大樹木，獨秀峰上稍有樹木，是三勝。桂林諸大山都以巖洞見奇，然而巖洞都是可遊而不入畫的；獨秀峰無巖洞，而嬌小蔥蘢，有小亭閣，最便於繪畫，故畫家多喜畫獨秀，是四勝。有此四勝，就使此峰得大名！徐霞客兩度到桂林，終以不得登獨秀峰為憾事。我們在飛機上下望桂林附近的無數石山，幾乎看不見那座小小的石丘，頗笑徐霞客的失望為大不值得！

徐霞客最稱賞柳州北面融縣的眞仙巖，遊記中有「眞仙為天下第一」之語。可惜眞仙巖我們沒有去；我們遊的巖洞，最大的是桂林七星山的巖洞。這巖洞一口為棲霞洞，一口為曾公巖。徐霞客從棲霞洞進去，從曾公巖出來，依他的估計，「自棲霞達曾公巖，徑約二里；復自巖口出入盤旋三里。」我們從曾公巖進去，從棲霞出來，共費時五十五分鐘。嚮導的鄉人手拿火把（用紙浸煤油，插入長竹筒的一頭），處處演說洞裡石乳滴成的種種奇異形狀：「這是仙人棋盤，那是仙人種田，那是金鐘對玉鼓，這是獅子對烏龜，那是摩天嶺，這是觀音菩薩，那是驪山老母，……」那位領袖用很清楚的桂林話一一指給我們看，說給我們聽，眞如數家珍。洞中有一股泉水，有些地方水聽很大。洞中石乳確有許多很奇偉的形態。我們帶有手電筒。又有兩三盞手提汽油燈，故看得比較清楚。洞中各處皆被油煙薰黑，石壁石乳，手偶摩撫，都是煤黑。徐霞客記他來遊時，嚮導者用松明照路。千百年中，遊人用的松明煙與煤油煙，把洞壁都薰黑了。其實這種岩洞大可裝設電燈，可使洞中景物都更便於賞觀，行路的人可以沒有顚跌的危險，也可以免除油煙薰塞的氣悶。向來做嚮導的村人，可以稍加訓練，雇作看洞和導遊的人，而規定入門費與嚮導費。如此則遊人不以遊洞爲苦。若如現狀，則洞中幽暗，遊人非多人結伴不敢進來，來者又必須雇嚮導，人太少又出不起這筆雜費。

曾公巖是因曾布得名。曾布在元豐初年以龍圖閣待制出外，知桂州。他是一個有文學訓練的政治家，在桂時，遊覽各巖洞，到處都有他的刻石題名，不止此一處。

七星山的巖洞，據徐霞客的幾次探訪搜尋，共有十五洞，他說：

此山巖洞駢峙：棲霞在北，下透山之東西，七星在中，曲透西北出：碧虛巖在南，以東西上透。三穴並懸，六門各異。北又有「朝雪」、「高峙」兩巖，皆西向。此七星山西面之洞也，洞凡五。……曾公巖西又有洞在峰半，攀莽上，洞口亦東南向。……此處巖洞駢峙者亦三。曾公巖北下同列者又有二巖。……此七星山東南之洞也，洞凡五。

若北麓省春三巖，會仙一巖，旁又淺洞一，則七星北面之洞也，洞凡五。一山凡得十五洞云。

我們所遊，其實只是十五洞之一！我們在洞裡，固是迷不知西東，出了巖洞，還是杳不知南北。看徐霞客連日攀登，遍遊諸洞，又綜合記敘，條理井然，我們眞不能不慚愧了！

七星山的對面就是龍隱巖，在月牙山的背後，洞的外口臨江，水打沙進洞，堆積頗高，故巖上石刻題名有許多已被沙埋沒了。龍隱巖很通敞，風景很美。巖外摩崖石刻甚多，有狄青等「平蠻三將題名」碑，字跡完好。

龍隱巖往西，不甚遠，有小屋，我們敲門進去，有道士住在裡面。此屋無後牆，靠山崖架屋，崖上石刻題記甚多，那最有名的「元祐黨籍碑」即在此屋後。我久想見此碑，今日始償此願。元祐黨籍立於徽宗崇寧元年（一一〇二年），最初只有九十八人，那是眞正元祐（一〇八六年至一〇九三年）反新法的領袖人物。徽宗皇帝親寫黨籍，刻於端禮門；後來又令御史臺抄錄元祐黨籍姓名「下外路州軍，於監司門吏廳，立石刊記」。到崇寧三年（一一〇四年）六月，又把元符末（一一

○○年）和建中靖國（一一○一年）年間的「姦黨」和「上書詆譏」諸人一齊「通入元祐籍，更不分三等」。（三等是原分「邪上尤甚」，「邪上」、「邪中」各等。）這個新合併的黨籍，共有三百九人，刻石朝堂。此碑到崇寧五年正月，因彗星出現，徽宗下詔毀碑，「如外處有姦黨石刻，亦令除毀」。除毀之後，各地即無有此碑石刻。現今只有廣西有兩處摩崖刻本，一本在融縣的眞仙巖，刻於嘉定辛未（一二一一年）；一本即是桂林龍隱巖附近的摩崖，刻於慶元戊午（一一九八年）；這兩本都是南宋翻刻的。桂林此本乃是用蔡京寫刻拓本翻刻的，故字跡秀挺可愛。兩本都是三百九十人，已不是眞正元祐黨籍了，其中如章惇、曾布、陸佃等人，都是王安石新法時代的領袖人物，後來時勢翻覆，也都列名姦黨籍內，和司馬光、呂公著諸人做了同榜！

廣西的巖洞內外，有唐宋元明的名人題名石刻甚多。石灰岩堅固耐久，歷千百年尚多保存很完整的。如舜山的摩崖「舜廟碑」，是唐建中元年（七八〇年）韓雲卿所立，距今已一千一百五十五年了。又如我們從棲霞洞下山，路旁崖上有范成大題名，又有張孝祥題名，這都是南宋大文人，現在都在路旁茅草裡，沒有人注意。此類古代名人題記，往往可供歷史考據，其手書石刻更可供考證字畫題跋者的參考比較。廣西現有博物館，設在南寧；我們盼望館中諸公能作系統的搜訪，將各地的古石刻都搨印編纂，將來可以編成一部「廣西石刻文字」，其中定有不少歷史的材料。

舜山有洞，名韶音洞，雖不甚深，而風景清幽，洞中有張栻（南軒）的「韶音洞記」石刻，字小，已不能全讀了。洞前有廟，我們登樓小坐，前有清流，遠望桂林諸山，在晚照中氣象很雄偉。

城中人士常遊的爲象鼻山、伏波山、獨秀峰、風洞山。其中以風洞山的風景爲最勝。風洞山有北牖洞，雖曲折而多開敞之處，空氣流通，多涼風，故名風涼，有小亭閣，下瞰江水，夏日多遊人在此喫茶乘涼。

廣西人說：「桂林山水甲天下，陽朔山水甲桂林」。我們遊了桂林，決定坐船去遊陽朔。一路上飽看灕水（撫河）的山水，但是因爲我要趕香港船期，所以到了陽朔，只有幾個鐘頭可以遊覽了。在小雨裡，我們坐汽車到青厄渡，過渡後，下車泛覽陽朔諸峰，僅僅能看一個大概。陽朔諸山也都是石山，重重疊疊，有作牛角雙尖的，有似絕大石柱上半截被打斷了的，有似大禮拜寺的，有似大石龜昂頭向天的。遠望去，重峰列岫，行列凌亂，在輕煙籠罩中，氣象確是很奇偉。桂林諸山稍稍分散，陽朔諸山緊湊在江上；桂林諸山都無樹木，此間頗有幾處山上有大樹木，故比較秀麗。

但我們實在有點辜負了陽朔的山水，我們把時間用在船上了，到了這裡只能坐汽車看山，未免使山水笑人。大概我們誤會了「陽朔山水必須用船去遊」的意思。我後來看徐霞客的遊記，始知陽朔諸山都可以用船去細細遊覽。我們若再來，可以坐汽車到陽朔，然後雇船去從容遊山。陽朔諸山也多洞巖：徐霞客所記龍洞巖、珠明洞、來仙洞，都令人神往；其中珠明洞凡有八門，最奇偉。我們沒有攀登一處的巖洞，頗失望。

但我們這回坐船遊陽朔，也有很好的收獲。徐霞客遊記裡沒有提到「光巖」，我們卻有半夜遊光巖的豪舉。光巖是劉毅夫先生前年發現的，所以他力勸我們坐船遊陽朔，一半也是爲了要遊光巖。船到光巖時，已半夜了，我們都睡了。毅夫先生上岸去，先雇竹筏進去探看，出來時他把竹筏火把都準備好了，然後把我們都從睡夢裡轟起來，跟他去遊洞，光巖洞口臨江，洞甚空敞，洞裡石乳甚多而奇，有明朝遊人石刻甚多。毅夫前年曾探此洞，偶見洞後水面上還有小洞，洞口很低，離水面不過兩三尺；毅夫想出法子來，用竹排子撐進去探險，須全身彎倒始能進去。進去後，他發現裡面還有很奇的巖洞，爲向來遊人所未曾到過。所以他很高興，在第一洞石壁上題字指示遊人深入探奇。今夜他帶領我們進洞口，石壁上他的墨筆題記還如新的。我們一班人分坐三個竹排子，排子上平鋪著大火把，大家低頭彎腰，進入第二洞。裡面共有三層大洞，都很高大，有種種奇形的石乳。最後一洞內有石乳作荷藕形，凡八九節，鬚節都全，絕像眞藕，每一洞內都有沙漲成灘，都是江水打進來的。每過一洞口，都須低頭用手攀住上面岩石，有時撐船的人都下水去用手推竹排子。第二洞以後，石壁上全無前人題刻，大概古人都不知有這些幽境。毅夫爲遊此洞，在桂林特別買了一個價值十七元的大電筒，每進一洞，他用大電筒指示各種石乳給我們看。他說，最被一洞的頂上有三個小洞透入光線，也許「光巖」之名是從那裡來的。晚間我們當然看不見那三處透光的小洞。但我想裡洞既非前人所熟知，光巖之名未必起於這透光的小孔，大概因前洞高敞通明，故得光巖之名。此洞之發現，毅夫之功最多，最後一洞大可以題作「沛泉洞」。（毅夫名沛泉）毅夫說，此洞頗像浙西金華的雙龍洞。

徐霞客記他從陽朔向桂林的途中，「舟過水綠村北七里，西岸一巖，門甚高敞，東向臨江，前垂石成龍，曰蛟頭巖」，其地在興平之南約三里，不知即是光巖否。

灘水的一日半旅程，還有一件事足記。船上有桂林女子能唱柳州山歌，我用鉛筆記下來，有聽不明白的字句，請同行的桂林縣署曹文泉科長給我解釋。我記了三十多首，其中有些是絕妙的民歌。我抄幾首最可愛的在這裡：

(一)燕子飛高又飛低，兩脚落地口啣泥。
我倆二人先講過，貧窮落難莫分離。

(二)石榴開花葉子青，哥哥年大妹年輕。

妹子年輕不懂事，哥哥拿去耐煩心。

(三)
大海中間一枝梅，根穩不怕水來推。
我們連雙先講過，莫怕旁人說是非。

(四)
如今世界好不難！井水不挑不得乾。
竹子搭橋哥也過，妹妹跌死也心甘。

(五)
高山高嶺一根藤，藤上開花十九層。
你要看花儘你看，你要摘花萬不能。

(六)
要吃筍子三月三，要吃甜藕等塘乾，
要吃大魚長放線；想連小妹耐得煩。

(七)
買米要買一斬白，連雙要連好腳色。
十字街頭背鎖鏈，旁人取笑也抵得。

(八)妹莫愁來妹莫愁，還有好日在後頭。
金盆打水妹洗臉，象牙梳子妹梳頭。
(九)大塘乾了十八年，荷葉爛了藕也甜。
刀切藕斷絲不斷，同心轉意在來年。

我們在柳州的時間太短，只遊了幾處名勝之地。柳州城三面是江，我們在飛機上看柳江從西北來，繞城一周，往東北去。空中望那有名的立魚山，眞有點像個立魚。那天下午，我們去遊立魚山，有巖洞很玲瓏，我們匆匆不曾遍遊。傍晚我們去遊羅池柳宗元祠堂，有蘇東坡寫的韓退之羅池廟碑的迎享送神辭大字石刻。退之原辭石刻有「春與猿吟兮秋鶴與飛」一句，頗引起後人討論。今東坡寫本此句直作「春與猿吟兮秋與鶴飛」，此當是東坡從歐陽永叔之說，以「秋鶴與飛」爲石刻之誤，故改正了。石刻原碑也往往可以有錯誤，其誤多由於寫碑者的不謹愼。羅池廟碑原刻本有誤字後經刊正，見於東雅堂韓集校語。後人據石本，硬指「秋鶴與飛」爲有意作倒裝健語，似未必是退之本意。

我們從陽朔回桂林時，路上經過良豐的師範專科學校，我在那邊講演一次。其地原名雁山，也是一座石山，巖壑甚美。清咸豐同治之間，桂林人唐岳買山築牆，把整個雁山圍在園裡，名爲雁山園。後來園歸岑春煊，岑又轉送給省政府，今稱爲西林公園，用作師專校址。現有學生二百三十人。我們到時，天已黑了；講演完始吃晚飯，晚飯後，校長羅爾棻先生和各位教員陪我們攜汽油燈遊雁山。巖洞頗大，中有泉水，流出巖外成小湖。洞中多涼風，夏間乘涼最宜。洞中多石乳，洞口上方有石乳所成龍骨形，頗奇突。園中舊有花樹三千種，屢次駐兵，花樹多荒死，現只存幾百種了。有綠萼梅，正開花，燈光下奇豔逼人。校中諸君又引我們去看紅豆樹，樹高約兩丈餘。教員沈君說，這株紅豆樹往往三年才結子一次。沈君藏有紅豆，拿來遍贈我們幾個同遊的人。紅豆大於檀香山的相思子約一倍，生在莢莢裡，莢長約一寸半。

遊巖洞時，我問此巖何名，他們說，「向來沒有巖名，胡先生何不爲此巖取一個名字，作個紀念？」我笑說，「此去不遠有條相思江，巖下又有相思紅豆樹，何不就叫他做相思巖？」他們都贊許這個名字。次日我在飛機上想起這個相思巖來，就戲仿前夜聽得的山歌，作小詩寄題相思巖：

相思江上相思巖。
相思巖下相思豆。
三年結子不嫌遲。
一夜相思叫人瘦。

這究竟是文人的山歌，遠不如小兒女唱的道地山歌的樸素而新鮮。

那天我在空中又作了一首小詩，題爲「飛行小讚」：

看盡柳州山，
看遍桂林山水，
天上不須半日，

地上五千里。

古人辛苦學神仙，
要守百千戒。
看我不修不煉，
也凌雲無礙。

廣西的印象

這一年中，遊歷廣西的人發表之記載和言論很多，都很讚美廣西的建設成績。例如美國傳教家艾迪博士（Sherwood Eddy）用英文發表短文說，「中國各省之中，只有廣西一省可以稱爲近乎模範省。凡愛國而具有國家眼光的中國人，必然感覺廣西是他們的光榮。」這是很傾倒的讚語。艾迪是一個見聞頗廣的人，他雖是傳教家，頗能欣賞蘇俄的建設成績，可見他的公道。他說話也很不客氣，他在廣州作公開講演，就很明白的讚美廣西，而大罵廣東政治的貪汙。所以他對於廣西的讚語是很誠心的。

我在廣西住了近兩星期，時間不算短了，只可惜廣西的朋友要我繳納特別加重的「買路錢」，——講演的時間太多，觀察的時間就少了，所以我的記載是簡單的，我的印象也是浮泛的。

廣西給我的第一個印象是全省沒有迷信的、戀古的反動空氣。廣州城裡所見的讀經、祀孔、祀關岳、修寺、造塔等等中世空氣，在廣西境內全沒有了。當西南政務會議的祀孔通令送到南寧時，白健生先生笑對他的同僚說：「我們的孔廟早已移作別用了，我們要祀孔，還得造個新孔廟！」

廣西全省的廟宇都移作別用了，神像大都打毀了。白健生先生有一天談起他在桂林（舊省會）打毀城隍廟的故事，值得記在這裡。桂林的城隍廟是最得人民崇信的。白健生先生毀廟的令下來之後，地方人民開會推舉了許多紳士去求白先生的老太太，請她勸阻她的兒子；他們說：「桂林城隍廟最有靈應，若被毀了，地方人民必蒙其禍殃。」白老太太對她兒子說了，白先生來對各位紳士說：「你們不要怕，人民也不用害怕。我可以出一張告示貼在城隍廟牆上，聲明如有災殃完全由我白崇禧一人承當，與人民無干。你們可以放心了嗎？」紳士們滿意了。告示貼出去了，毀廟要執行了。奉令的營長派一個連長去執行，連長叫排長去執行，排長不敢再住下推了，只好到廟裡去燒香禱告，說明這是上命差遣，概不由己，禱告已畢，才敢動手打毀神像！省城隍廟尚且不免打毀，其餘的廟宇更不能免了。

我們在廣西各地旅行，沒有看見什麼地方有人燒香拜神的。人民都忙於做工，教育也比較普遍，神權的迷信當然不占重要地位了，廟宇裡既沒有神像，燒香的風氣當然不能發達了。

在這個破除神權迷信的風氣裡，只有一個人享受一點特殊的優容。那個人就是總部參軍季雨農先生。季先生是合肥人，能打拳，爲人豪爽任俠；當民國十六年，張宗昌部下的兵攻合肥，他用鄉兵守禦縣城甚久。李德鄰先生帶兵去解了合肥之圍，他很賞識這個怪人，就要他跟去革命。季先生是有田地的富人，感於義氣，就跟李德鄰先生走了。後來李德鄰、白健生兩先生都很得他的力，所以他在廣西很受敬禮。這位季參軍頗敬禮神佛，他無事時愛遊山水，凡有好山水巖洞之處，若道路不方便，他每每出錢雇人修路造橋。武鳴附近的起鳳山亭屋就是他修復的。因為他信神佛，他每每在這種舊有神祠的地方，叫人塑幾個小小的神佛像，大都不過一尺來高的土偶，粗劣的好笑。他和我們去遊覽，每到一處有神像之處，他總立正鞠躬，同行的人笑著對我們說：「這都是季參軍的菩薩！」聽說柳州立魚山上的小佛像也是季參軍保護的菩薩。廣西的神權是打倒的了，只有這一位安徽人保護之下，還留下了幾十個小小的神像。

廣西給我的第二個印象是儉樸的風氣。一進了廣西境內，到處都是所謂「灰布化」。學校的學生、教職員、校長；文武官吏、兵士、民團，都穿灰布的制服，戴灰布的帽子，穿有鈕扣的黑布鞋子。這種灰布是本省出的，每套制服連帽子不過四元多錢。一年四季都可以穿，天氣冷時，裡面可加襯衣；更冷時可以穿灰布棉大衣。上至省主席總司令，下至中學生和普通兵士，一律都穿灰布制服，不同的只在軍人綁腿，而文人不綁腿。這種制服的推行，可以省去服裝上的絕大糜費。廣西人的鞋子，尤可供全國的效法。中國鞋子的最大缺點在於鞋身太淺，又無鈕扣，所以鞋子稍舊了，就太寬了，後跟收不緊，就不起步了。廣西布鞋學女鞋的辦法，加一條扣帶，扣在一邊，所以鞋子無論新舊，都是便於跑路、爬山。

廣西全省的對外貿易也有很大的入超。提倡儉樸，提倡用土貨，都是挽救入超的最有效方法。在衣服的方面，全省的灰布化可以抵制多少洋布與呢綢的輸入！在飲食嗜好方面，洋貨用的也很少。吸紙菸的人很少，吸的也都是低價的菸捲，最高貴的是美麗牌。喝酒的也似乎不多，喝的多是本省土酒。有一天晚上，邕寧各學術團體請我們吃西餐，我在廣西十四天，只有此一次吃西餐，——我看見侍者把啤酒斟在小葡萄酒杯裡，席上三、四十人，一瓶啤酒還倒不完，因為啤酒有氣，是斟不滿杯的。終席只有一大瓶啤酒就可斟兩三巡了。我心裡暗笑廣西人不懂怎樣喝啤酒。後來我偶然問得上海啤酒在邕寧賣一元六角錢一瓶！我才明白這樣珍貴的酒當然應該用小酒杯斟的。我們在廣西旅行，使我們更明白：提倡儉樸，提倡土貨，都是積極救國的大事，不是細小的消極行為。

廣西是一個貧窮的省分；不容易擔負新式的建設。所以主持建設的領袖更應該注意到人民經濟負擔的能力。即如教育，豈不是好事？但辦教育的人和視學的人眼光一錯，動機一錯，注重之點若在堂皇的校舍、冬夏的操衣等等，那樣的教育在內地就都可以害人擾民了。我們在邕寧、武鳴各地的鄉間看見小學堂的學生差不多全是穿著極破爛的衣袴，腳下多是赤腳，偶有穿鞋的，也是穿破爛的鞋子。固然廣西的冬天不大冷，所以無窗戶可遮風的破廟，也不妨用作校舍，赤腳更是平常的事。然而我們在邕寧的時候，稍有陰雨，也就使人覺得寒冷。（此地有「四時常是夏，一雨便成秋」的古詩。）鄉間小學生的襤褸赤腳，正可以表示廣西辦學的人的儉樸風氣。我在邕寧鄉間看的那個小學還是「廣西普及國民基礎教育研究院」的一個附屬小學哩。廣西教育廳長雷沛鴻先生正在進行全省普及教育的計畫，請了幾位專家在這研究院裡研究實行的步驟和國民基礎教育的內容。他們的計畫大旨是要做到全省每村至少有一個國民基礎學校，要使八歲到十二歲的兒童都能受兩年的基礎教育。我看了那些破衣赤腳的小學生，相信廣西的普及教育是容易成功的。這種的學堂是廣西人民負擔得起的，這樣的學生是能回到農村生活裡去的。

廣西給我的第三個印象是治安。廣西全省現在只有十七團兵，連兵官共有二萬人，可算是眞能裁兵的了。但全省無盜匪，人民眞能享治安的幸福。我們作長途旅行，半夜後在最荒涼的江岸邊泊船，打起火把來遊巖洞，驚起茅蓬裡的貧民，但船家和客人都不感覺一毫危險。汽車路上，有山坡之處，往往可見一個灰布少年，拿著槍桿，站在山上守衛。這不是軍士、只是民團的團員在那兒擔任守衛的義務。

廣西本來頗多匪禍，全省巖洞最多，最容易窩藏盜匪。有人對我說，廣西人從前種田的要背著槍下田，牧牛的要背著槍趕牛。近年盜匪肅清，大原因在於政治清明，縣長不敢不認眞做事，民團的組織又能達到農村，保甲的制度可以實行，清鄉的工作就容易了。人民的比較優秀分子又往往受過軍事的訓練，政府把舊式槍械發給民團，人民有了組織，又有武器，所以有自衛的能力。廣西諸領袖常說他們的「三自政策」——自衛、自給、自治。現在至少可以說是已做到了人民自衛的一層。我們所見的廣西的治安，大部分是建築在人民的自衛力之上的。

在這裡，我可以連帶提到廣西給我的第四個印象，那就是武化的精神。我用「武化」一個名詞，不是譏諷廣西，實是頌揚廣西。我的朋友傅孟眞先生曾說，「學西洋的文明不難，最難學的是西洋的野蠻。」他的意思是說，學西洋文化不難，學西洋的武化最難。我們中國人聰明才智足夠使我們學會西洋的文明。但我們的傳統的舊習慣、舊禮教，都使我們不能在短時期內學會西洋人的尚武風氣。西洋民族所到的地方，個個國家都認識他們武力的優越，然而那無數國家之中，只有一個日本學會了西洋的武化，其餘的國家——從紅海到太平洋——沒有一個學會了這個最令人歆羨而又最不易學的方面。然而學不會西洋武化的國家，也決沒有工夫來好好地學習西洋的文化，因爲他們沒有自衛力，所以時時在救亡圖存的危機中，文化的努力是不容易生效力的。

中國想學人家的武化（強兵），如今已不止六十年了，始終沒有學到家。這是很容易解釋的。中國本是一個受八股文人統治的國家，根本就有賤視武化的風氣，所以當日倡辦武備學堂和軍官學校的大臣，決不肯把他們自己的子弟送進去學武備。日本所以容易學會西洋的武化，正因爲武士在封建的日本原是地位最高的一個階級。在中國，儘管有歌頌綠林好漢的小說，當兵卻是社會最賤視的職業，比做綠林強盜還低一級！在這種心理沒有轉變過來的時候，武化是學不會的。

在最近十年中，這種心理才有點轉變了。轉變的原因是頗複雜的：第一是新式教育漸漸收效了，「壯健」漸漸成成人們羨慕的對象了，運動場上的好漢也漸漸被社會崇拜了。第二是辛亥革命以來中央各省的政權往往落在軍人手裡，軍人的地位抬高了。第三是民十四、五年之間，革命軍隊有了主義的宣傳，多有青年學生的熱心參加，使青年人對於「革命軍人」發生信仰與崇羨。第四是最近四年的國難，尤其是淞滬之戰與長城之戰，使青年人都感覺武裝捍衛國家是一種最光榮的事業。——這裡最後的兩個原因，是上文所說的心理轉變的最重要原因。軍人的可羨慕，不在乎他們的地位之高或威權之大，而在乎他們能為國家出死力，為主義出死力。這才是心理轉變的真正起點。

可惜這種心理轉變來的太緩、太晚，所以我們至今還不曾做到武化，還不曾做到民族國家的自衛力量。但在全國各省之中，廣西一省似乎是個例外。我們在廣西旅行，不能不感覺到廣西人民的武化精神確是比別省人民高的多，普遍的多。這不僅僅是全省灰布制服給我們的印象，也不僅僅是民團制度給我們的印像。我想這裡的原因，一部分是歷史的，一部分是人爲的。一是因爲廣西民族中有苗、猺、獞、狪、狑、猓猓（今日官書均改寫「傜、童、同、令、果果」）諸原種，富有強悍的生活力，而受漢族柔弱文化的惡影響較少。（廣西沒有鄒魯校長和古直主任，所以我這句話是不會引起廣西朋友的誤會。）一是因爲太平天國的威風至今還存留在廣西人的傳說裡。一是因爲廣西在近世史上頗有受民眾崇拜的武將，如劉永福、馮子材之流，而沒有特別出色的文人，所以民間還不曾有重文輕武的風氣。一是因爲在最近的革命戰史上，廣西的軍隊和他們的領袖曾立大功，得大名，這種榮譽至今還存在民間。

一是因為最近十年中，全省雖然屢次經過大亂，收拾整頓的工作都是幾個很有能力的軍事領袖主持，在全省人民的心目中，他們是很受崇敬的。——因為這種種原因，廣西的武化，似乎比別省特別容易收效。我到邕寧的時候，還在「新年」時期，白健生先生邀我到公共體育場去看「舞獅子」的競賽，獅子有九隊，都是本地公務人員和商人組織的。舞獅子之外，還有各種武術比賽，參加的有不少的女學生，有打拳的，有舞刀的。利用「過年」來提倡尚武的精神，也是廣西武化的一種表示。至於民團訓練的成績是大家知道的。去年蕭克西竄，廣西派出剿禦的軍隊只有六團是省軍，其餘都是民團，結果是把蕭克主力差不多打完了。去冬朱毛西竄，廣西派出省軍作戰的只有十一團，民團加入的有十五個聯隊，共約二萬人，結果是朱毛大敗而逃，死的三千多，俘虜的七千多。廣西學校裡的軍事訓練，施行比別省早，成績也比別省好。在學校裡，不但學生要受軍訓，校長、教職員也要受軍訓，所以學校裡的「大隊長」的地位與權力往往比校長高的多。中央頒布的兵役法，至今未能實行，廣西卻已在實行了；去冬剿共之後，軍隊需要補充，省府實行徵兵八千名，居然如期滿額。若在江南各省，能做到這樣的成績嗎？廣西徵兵之法是預先在各地宣傳國民服兵役的重要和光榮；由政府派定各區應抽出的壯丁比例，例如某村有壯丁百人，應徵二十分之一，村長（即小學校長，即後備隊隊長）即召集這一百壯丁，問誰願應徵；若願去者滿五人，即已足額；若不足五人，即用抽籤法決定誰先去應徵。這次徵來的新兵，我們在桂林遇見一些，都是很活潑、高興的少年，有進過中學一兩年的，有高小畢業的。在那獨秀峰最高亭子上的晚照裡，我們看那些活潑可愛的灰布青年在那兒自由眺望，自由談論，我們眞不勝感歎國家民族爭生存的一線希望是在這一輩武化青年的身上了！

廣西給我的印象，大致是很好的。但是廣西也有一些可以使我們代爲焦慮的地方。

第一，財政的困難是很明顯的。廣西是個地瘠民貧的地方，擔負那種種急進的新建設，是很吃力的。據第一回廣西年鑑的報告，二十二年度的全省總收入五千萬元之中，百分之三十五有零是「禁菸罰金」，這是菸土過境的稅收。這種收入是不可靠的；將來貴州或不種菸了，或出境改道了，都可以大影響到廣西省庫的收入。同年度總支出五千二百萬元之中，百分之四十是軍務費，這在一個貧瘠的省分也是很可驚的數字。萬一收入驟減了，這樣鉅大的軍務費是不是能跟著大減呢？還是裁減建設經費呢？還是增加人民負擔呢？

第二，歷史的關係使廣西處於一個頗爲難的政治局勢，成爲所謂「西南」的一部分。這個政治局勢，無論對內對外都是很爲難的。我們深信李德鄰、白健生諸先生的國家思想是很可以依賴的，他們也曾鄭重宣言他們絕無用武力向省外發展的思想。白先生曾對我說：「當我們打敗蕭克軍隊之後，貴州人要求我們的軍隊駐紮貴州，我們還不肯留。我們決不會打別省的主意。」這是我們可以相信的。但我們總覺得兩廣現在所處的局勢，實在不能適應現時中國的國難局面。現在國人要求的是統一，而敵人所渴望的是我們的分裂。凡不能實心助成國家統一的，總不免有爲敵人所快意的嫌疑。況且這個獨立的形勢，使兩廣時時感覺有對內自保的必要，因此軍備就不能減縮，而軍費就不能不擴張。這種事實，既非國家之福，又豈是兩廣自身之福嗎？

第三，我們深信，凡有為的政治，——所謂建設——全靠得人與否。建設必須有專家的計畫，與專家的執行。計畫不得當，則傷財勞民而無所成。執行不得當，則雖有良法美意，終歸於失敗。廣西幾位領袖的道德、操守、勤勞，都是我們絕對信任的。但我們觀察廣西的各種新建設，不能不感覺這裡還缺乏一個專家的「智囊團」做設計的參謀本部；更缺乏無數多方面的科學人才做實行計劃的工作人員。最有希望的事業似乎是獸醫事業，這是因為主持的美國羅鐸（Bodier）先生是一位在菲律賓創辦獸醫事業多年並且有大成效的專家。我們看他帶來的幾位菲律賓專家助手，或在試種畜牧的草料，或在試驗畜種，或在幫助訓練工作人員，我們應該可以明白一種大規模的建設事業是需要大隊專家的合作，是需要精密的設備，是需要長時期的研究與試驗，是需要訓練多數的工作人員。然而邕寧人士的議論已頗嫌羅鐸的工作用錢太多了，費時太久了，用外國人太多了，太專斷不受商量了。「求治太急」的毛病，在政治上固然應該避免，在科學工藝的建設上格外應該避免。我在邕寧的公務人員的講演會上，曾講一次「元祐黨人碑」，指出王荊公的有為未必全是，而司馬溫公諸人的主張無為未必全非。有為政治有兩個必要的條件：一是物質的條件，如交通等等；一是人才的條件，所謂人才，不僅是廉潔，有操守的正人而已，還須要有權威的專家，能設計、能執行的專家。這種條件若不具備，有為的政治是往往有錯誤或失敗的危險。

尾聲

一月二十六日早晨，胡佛總統船開了。我在船上無事，讀了但怒剛先生送我的一冊粵謳。船上遇著何克之先生，下午我到他房裡去閒談，見他正在做黃花岡憑弔的詩。我一時高興，就用我從粵謳裡學來的廣州話寫了一首詩。後來到了上海、南京，我把這首詩寫出請幾位廣東朋友改正。改定本是這樣的：

黃花岡

黃花岡上自由神，
手揸火把照乜人？
咪話火把唔夠亮，
睇佢嚇倒大將軍。

我題桂林良豐的「相思巖」山歌，已記在前面了。後來我的朋友壽生先生看見了這首山歌，他說它不合山歌的音節，不適宜歌唱。他替我修改成這個樣子：

相思江上相思巖，
相思豆兒靠巖栽，
（他）三年結子不嫌晚，
（我）一夜相思也難挨。

壽生先生生長貴州，能唱山歌，這一隻我也聽他唱過，確是哀婉好聽。我謝謝他的好意。

民二十四，八月十二日。

粵桂寫影

廣西的一般觀察

從廣東到廣西，最易叫人感覺到的便是廣東富而廣西貧，廣東大而廣西小，他們因爲貧，所以上下一致，埋頭苦幹，因爲小，所以官民合衷，情感融合。又因爲自知其爲貧而小，所以當局的人們，非常虛衷謙抑，很歡迎外省人士的合作與批評，辦事雖然帶一點「土氣」，然而誠實有朝氣，是在任何地方沒有如此普遍的。廣西除軍隊多由桂省人士統帶之外，其政治教育各方面，皆看得出外省人的活動。就拿第四集團軍的重要僚椽說，政訓處長潘宜之先生是湖北人、祕書處長邱毅吾（昌渭）先生是湖南人、顧問王吉占（恆）先生是江西人、朱佛定（文輔）先生是江蘇人，他們和本省人都非常水乳。廣西中學校最缺乏英數理化的教員，尤其歡迎外省人在那裡當中學教員，月薪可得一百四十元，較在政界當差爲優，而且地位穩固，因爲教員都受省府委任，不隨校長爲進退。廣西最好的現象是官民打成一片。從梧州到柳州桂林，隨時隨地都看得出上下協和，軍政民團結一致的精神。廣西卻可說是「共苦均貧」，這是廣西上下融洽的原動力。美國艾迪博士前月在廣西視察，認爲非常滿意，他有一篇文章，敘述感想，中有一段說道：「若雜處民間而隨處可聞人民謳歌官吏之德政者，我惟於廣西一省見之。」人民之言曰：「吾省之官吏皆努力而誠實，其中多有一貧似吾輩者，彼等絕無賭博浪費貪汙等弊，且早眠早起，清晨七點半即在辦公室矣。」這些話都是事實。

廣西是李（宗仁）白（崇禧）黃（旭初）三人合治。李以寬仁勝，涵蓋量最大，白以精幹勝，辦事力最強，黃則綿密而果毅，處分政務事務，極有條理。要拿軍事地位作譬，李當然是位總司令，白可稱爲前敵總指揮，黃則坐鎭後方，保持著能進能退的堅實地位，這是廣西最大特色。因爲他們三個領袖皆能利用各人所長來以身作則，把勤儉樸質、刻苦耐勞的風氣樹立起來，傳播到全省，於是地方雖小雖貧，而無遊民、無乞丐。廣西向來多匪，山深林密，素號難治，現在卻做到夜不閉戶，路不拾遺。我本意想從桂林到全州，過黃沙河，經湘南永州祁陽轉長沙漢口北旋。因爲連天大雨，汽車到了大路江口。水漲橋折，不能到達湘邊。不得已折回桂林，再往柳州，迄夜晚九時方始到柳。第二天上午四點便起身上車，當晚九時趕到梧州。這兩天駛行將近三千里的汽車路，以孤車在黑暗中翻山越嶺，如履坦途，非治安特別良好，何敢如此冒險？所以然者，有精誠合作的好領袖，纔能有安分守法的好人民。廣西的特長，不在什麼物質建設，實在這點苦幹實幹的眞精神。我們再看：農村復興，可算是近年中國的時髦口號；然而眞正深入民間，喚起民眾，從而組織之者，廣西要算效率最佳的了。這因爲在別省或者僅由學者鼓吹，或者祇得局部實驗，惟獨廣西，合軍政兩署的努力，在自衛、自治、自養三位一體的口號之下，調練民團，編制村甲，依政治的力量，硬把農村建設起來，我旅行所經，看見許多鄉村，闢有鄉村公路，設有公共苗圃，整潔而肅穆，足爲改革力量達到下層的表徵。如能循序漸進，再得三五年繼續不斷的工作，一定有更好的成績。

廣西的民團組織和國民教育，都另外有他的一套辦法，容當另節介紹。此處我所願特別指出者，第一是在上的人以身作則、不言而行的美德。他們不但自己努力向上，為民表率，並且設法表揚若干本省的先輩名人，鼓舞後人景仰，如劉永福、馮子材，甚至岑春煊、陸榮廷之類，把像片懸掛各公共場所，引起一般民眾崇拜名賢愛國愛鄉的心理，這都是振作群眾精神的一種方法；第二便是瀰漫社會的一團朝氣。例如他們因為要訓練民團，於是嚴格施行公務員的軍訓，省政府廳長委員年在四十五歲以上的人們，照章本可豁免，但是他們仍然自願與青年們同樣出操，以資民眾矜式。又如在他處地方，天甫微明，一定行人稀少，廣西卻是上午五時，便已行人載途。廣西政界雖然薪俸很薄，但因應酬甚少，無有浪費，家家都有貧而樂的氣象，尤其在舊曆新年中間，雖在深山窮谷，到處都有熙來攘往的光景。桂省軍政人員，自總司令省主席起，人人都著五元毫洋一套的制服，我在南寧，白健生先生請我在他私宅去看剿共電影，得窺他的私生活，其簡單樸實，比我輩窮書生有過之無不及，這實在是廣西改革政治易於推行的一大原因。他們一般皆沒有嗜好，公娼雖有，指定在特別地方營生，公務員概不許游蕩；政府雖賴貴州過境的鴉片特稅挹注，人民卻不許吸菸。紙菸最上等的僅抽美麗牌，娛樂則象棋為最流行，此外別無消耗精神金錢的工具。

廣西社會還有一大特色，就是婦女都是從事生產工作，與他處之遊惰放縱者完全不同。她們不但能夠種地飼畜，還能肩挑背負。我們乘車在深山中疾駛，常能遇見青年婦女，挑負重載，獨身行走；甚至大腹孕婦，還可背負幼兒，肩承重擔，行無所事。這等情形，不特江南少見，即在北方也很稀奇。桂省當局因為要矯正城市婦女官員眷屬遊惰荒嬉之習，特別在武鳴桂林等處，設立女子工讀學校，招收僚佐妻女，入校讀書習藝，一方減輕男子負擔，一方免除打牌應酬惡習，此亦惟在廣西環境乃能辦到耳。廣西山水，著名古今，但是不以偉大勝，而以峭拔顯，其民族性亦然，多有矯矯不群不受羈勒的氣概。近代太平天國革命，主力多賴廣西人士。即最近數年，廣西迭遭外省軍隊侵入，結局悉被打出；蓋因桂人有寧肯入山爲盜，不肯屈服於人的氣質，而山嶺重重，易守難攻，尤占地利。我們祇要認明此點，就可以判斷廣西將來的前途，而該省富於農產森林之利，宜於農而不宜於工商，更爲該省政治上難期發展的鐵證。桂省當軸屢向記者聲明，志在修明省政，敬恭桑梓，但求能保和平，壹意親仁善鄰，按之環境，舍此本也別無可走的途徑，所以廣西在中國大局上，實在沒有什麼危險性。

廣西的政事與軍事

廣西久已實行軍民分治，習慣上從無軍人干預民政之事，亦從來不發生軍隊長官向地方提款之舉。一切軍費，仍須按照預算，向省政府財政廳支領，此種秩序，實廣西軍人領袖手造之。省政府的組織，較他省為簡單。主席之下，祇有民財教三廳，此外有經濟委員會、衛生委員會、統計局、工商局。兩局局長由閩人楊綽庵君擔任，幹練能辦事，全省許多大事，都能拿數字列表指示，該局編有《廣西年鑑》一書，很有參考價值。廣西諸事從儉，新式建築絕無僅有，省政府卻是新修的，因為要適合於合署辦公，所以不惜公帑建造。從去年一月一日起已經實行合署。主席黃旭初先生每天從上午八時一定到公事房，各廳廳長辦公室非常之小，室外是祕書科長的辦公室；此外科員們占用二、三間大廳不等。都是一人一桌一凳，女職員頗不在少，到處是靜肅無聲。各廳不能直接收發文件，一概由省府總收總發。省府設有總務處，下設庶務會計和檔案保管的機關，最好是物品保管處，無論何廳處需要東西，全向保管處領取。庶務採辦物品，也交保管處收領後，會計方能發價。保管處所用單據簿冊，很是完全，雖一張信紙、一個信封，也要登記。每天用紙若干，全須列表送長官核閱，其組織和新式商業公司相彷。條理明晰，手續清楚，實爲歷來公務機關所罕見。據他們的比較表看來，合署以前和合署以後，浮費之節省，公文之減小，確有成效。他們全部一府三廳以及各委員會人員，不過六百人，也不能算多。

他們的行政設施，完全根據二十三年三月二十七日黨政軍聯席會議通過的「廣西建設綱領」辦理。據說是最低的原則，所以並非空立的宣傳，而是實際的指針，茲爲介紹如下：

㈠**政治建設**：

1. 整齊國家民族社會力量，由地方行政集團的建設，以爲復興民族之基礎。
2. 以現行民團制度，組織民眾，訓練民眾，養成人民自衛自給自治能力，以樹立眞正民主政治之基礎。
3. 樹立廉潔賢明政治，肅清貪官污吏，制裁土豪劣紳，以保障人民生命財產自由。
4. 以量入爲出爲標準，厲行預算決算制度，並嚴禁苛細捐稅。
5. 整飭行政組織，以提高行政效能。

6.厲行考試銓敘制度並確定公務人員之保障。

㈡**經濟建設**：

1.實施統制經濟，發展國家資本。

2.在統制經濟政策下，保障民族資本，獎勵私人投資。

3.用累進稅率，徵收所得稅、營業稅及遺產稅。

4.施行社會政策，依法保障農工利益，消弭階級鬥爭。

5.整理土地，獎勵墾荒，振興水利，以發展農村經濟。

6.推行合作事業，並興辦農民銀行，嚴禁一切高利貸。

7.籌措資金，革新舊式農業，振興與農業相適應之工業，使農工業平衡發展，以達到工業化爲目的。

(三) **文化建設**：

1. 提高民族意識，消弭階級鬥爭，爲一切教育、思想、藝術、道德、法律、風俗之最高原則，以發揚前進的民族文化。

2. 實施適應政治、經濟，軍事需要的教育。國民基礎教育，強迫普及；中等教育，注重職業；高等教育，注重建設專門人才之養成；中等以上學校，並實施軍事訓練。

(四) **軍事建設**：

1. 改革軍制，由寓兵於團，達到國民義務兵役。

省府根據以主原則，實施許多政令，最要的如1.縣政府之下，劃分區鄉村甲，在城市則爲區鎮街甲。以百戶爲一甲，由各戶以統及個人。區鄉（鎮）村（街）甲各置一長，令其組織公所；同時加緊鄉村鎮街幹部人員及民團之訓練，使民眾有紀律，有組織，有團結，與政府休戚相關，連成一氣。

2. 現任公務人員無論薦任、委任，均先銓定資格，後再按級敘用，此後縣長和薦任、委任人員，概須經過考試，方得任用，中小學教員亦將由省縣政府檢定，對於公務人員，制定服務規程，實行年功加俸。經過考試任用的人員，非有過犯呈經省政府核准，不得撤換。這些都是採用各國官吏登庸的辦法，使貪汙無法倖進，賢良能有保障，

3. 設廣西衛生委員會，計畫衛生行政，劃梧州、南寧、桂林三個衛生區，每區要設一省立醫院。又爲防治牛瘟起見，在南寧設一家畜保育所，聘美國獸醫專家羅鐸博士爲所長，除治療家畜病症外，並製

造防疫血清，推行全省，以保豬牛等類的健康，滋其繁殖。羅鐸曾在菲律賓主持此類事業，極有成效，此事於農村生活，功德無量，廣西此舉，在中國還是破天荒，所以很得中外識者的好評。我在參觀該所的時候，羅鐸對我解說，備見熱誠。

4.廣西本是農業地方，每年可收兩季，現因鑑於安南冬季種植之有利，省府極力獎勵冬耕，各縣辦法不一，大致提倡冬耕，徵工勞作，收穫所得，概爲村街公所學校經費。

此外更獎勵造林，設置鄉有林及村有林，用以增加鄉村公共財產。廣西各地都遍種榕樹，據聞係美國種，極易生長，十年後可作枕木之用云。

時賢對於地方政治，近多注重縣政，然而實際上政府政令眞能貫徹到縣者幾於絕無而僅有。廣西情形卻不然，不但縣長不敢玩忽省令，即各區鄉村甲中間也可看得出政府政令的推行。不過在廣西作縣長，確是太苦。他們每月起碼薪水僅有一百一十元，公費纔得二百元，全衙門辦事不過十人八人，是以縣長非常勞苦。有某縣長對我說：我們在廣西各縣官須有三大本領：

1. 要腿能跑，因為下鄉時多，在衙日少，交通工具缺乏，到處需要步行。
2. 要嘴會講，因為省府政令頻繁，督促綦嚴，非時時聚鄉村甲長而告之，不能推行迅捷。
3. 要手能寫，以文字繼口舌之窮。惟其如此，所以任縣長者以本省人為最多，因生活程度較低，性耐勞苦也。

我對廣西省政，殊感其求治太急，條教太繁，每與各縣人士晤談，大都同此感想。

廣西全省僅有兵隊十七團，可算各省裁兵之最有成績者，但是兩次剿共，成績甚好，尤以此次朱毛過境，被俘者確有七千多人，均經遣送閩贛等省，可見兵在精不在多之說，信而有徵。廣西軍事重心設在柳州，有航空處，合學校、工廠爲一處，規模視廣州瞠乎後矣。南寧雖有一軍事學校，但簡陋已極，人數無多。桂省近年盛倡寓兵於團，寓將於學之說，實則現已由民團進而實施國民兵役。一切辦法，多依中央頒布的兵役法執行，可爲遵奉該法之第一次，因爲兩次剿共，省軍損失不少，加以老弱退伍，需要補充，於是實行徵兵八千名，先期在各處宣傳國民兵役之必要，事後又令各處舉行盛大的歡送新兵入伍式，居然將八千額數，如限召集，現在分置柳州南寧訓練。我在南寧，曾往兵營所在地的西鄉塘參觀，所見新兵，都是身體健壯的農村青年，天眞爛漫，煞是可愛，此項八千子弟，完全補充缺額，故桂省軍隊，依舊爲十七團，並無增加。惟因徵兵辦理順利，白健生先生對我極爲自負，聲言足以打破宋以來「好兒不當兵，好鐵不打釘」的民眾心理，深信復興民族，於茲有望云。

廣西民團的眞相

廣西民團最負盛名，也就是我到桂考察的主要目的。我到南寧後就請白健生先生讓我去實地參觀，並且要求和辦理團務負責人員詳細談話。承他派歷來主持團務的盧柏松先生陪伴我到武鳴去調查。在二月五日午前八時盧君帶汽車到了旅館，約我同往武鳴。我的朋友季雨農先生也同一前往。一路上盧君便把廣西辦團的經過，一一告訴於我，方知道這其間還有許多歷史。大致廣西辦團始於民國十九年冬天，初名民團總指揮部，由當時的省主席黃紹雄任總司令，而白崇禧副之。二十年初，以白代黃，而以梁瀚嵩副之。二十一年六月因省政府組織健全，特將民團事務移交省府，設團務處主之，與祕書處並行，對外以主席名義施行，對內則對主席負責。行之頗久，最近一年，感覺以民團剿匪及軍團人員的互調上，省府發號施令，不甚方便，又認爲宜隸總部，是以現在省府團務處已經裁撤，而民團事務概歸總司令部，此爲主持團務機關變遷的經過。當初辦之時，桂省方苦客軍土匪滋擾，爲應付環境計，令各縣召集壯丁，二丁出一，五丁出二，多者每縣編練四隊（每隊約九十人），少者一隊，爲常備隊，專司捍衛地方。一面設警衛幹部訓練所，以軍校學生撥入一部，另招中學生，得三百人，分派各屬辦團。其後感於民團之需要根本編練，乃決從查戶口，編村甲，練幹部從新辦起。一方面普遍的編制壯丁，名爲後備隊，而令全省常備隊集中於八區訓練。其作用有三：1.將常備隊調出訓練，地方無恃，可以迫其認眞組織後備隊。2.打破縣區界限。3.教育整齊。一方面大規模訓練幹部人才。方二十年冬，常備隊已有五、六萬人，乃停止編練，而以經費移充訓練幹部之用。預定四、五年間練出三萬人，供全省之需要，截至現在，此項人才已有九千。方蕭克、朱毛等兩次過境時，又嘗編制特種後備隊，係就已受訓練者，再予兩月之訓練，使爲官軍剿匪之助力，此次朱毛受創於民團者甚重，民團之犧牲亦甚鉅也。按廣西現行民團條例，係二十三年十一月公布，視舊章大有差別，蓋舊日所謂寓兵於團者，猶尙簡單，今則民團性質，政治意味有十之七，而軍事作用祇十之三。緣廣西之辦民團，先本由鄉間練起，二十二年方由李宗仁在黨政軍聯席會提議：

1. 城廂民團後備隊應先行著手編練，以爲鄉村表率。
2. 公務人員亦應受軍訓，以爲學生受軍訓壯丁受團訓之表率。

由此以後，民團進行，日益進步，而政府對於民團之期待亦愈高。在政治方面，要他們能夠自治，在經濟方面，要他們能夠自給，在軍事方面，要他們能夠自衛。試看他們最近的辦法，是村長、街長就是國民小學的校長，後備隊的隊長，可見他們是要以民團來推進一切政治經濟的活動力。武鳴是南寧區民團指揮部的所在地，管轄十七縣，指揮官是梁瀚嵩先生，乃桂軍先進，誠篤熱心，向我不厭求詳地說明一切。據他們列表，南寧區壯丁共有四十二萬四千五百九十人，已訓練人數有六萬四千一百一十一人，幹部訓練已畢業人數在計一千五百三十九人，正在訓練中者爲六百四十八人。此項幹部學員，由區指揮部按其人數就所屬各縣鎭街鄉村各長，平均分配，令由縣府按照資格徵送。其人多曾充當校長教員，在街村中爲最優秀分子，中學畢業生占百分之九十八。所受教育有政治常識、經濟大意、農業常識、教育法令、自治章則等等，除出操外，或上堂聽講，或在田地工作。指揮部有附屬地近百畝，開路挖塘，耕地種樹，以及蒔花飼畜，無一不學，短衣赤足，人人作苦力裝，乍見之，絕不識其爲文弱書生也。指揮部內園圃整潔，亦屬幹部學生所治理，此等嚴格鍛鍊，歷時六月方爲畢業。畢業後各回原職，故能將地方自衛、自給、自治之事項擔負起來。我在武鳴看見一部分幹部生出操回部，武伐之整齊，神態之發揚，雖精兵無以過之，足徵訓練之認眞。我於參觀完畢後，又偕梁瀚嵩先生等乘汽車至靈水及起鳳山一遊，此皆有名的風景區，我卻借此看看沿途鄉村公所的眞相。最妙者村與村間，居然有很好的道路，皆是村民自修。村公所多設在廢廟或祠堂之內，同時即爲國民小學，房屋雖不佳，內容卻整潔，一村的人戶多寡、交通地形，以及學齡兒童的調查，都有圖表懸掛在外，令人一目了然。公所多有民眾開會場所，兩旁有公眾苗圃園林，布置得井井有條。村長態度亦好，見梁指揮官之親熱，宛若家人父子，令人旁觀，羨慕讚嘆，益信訓練教育之有萬能功用。遊至下午三時，抱著十二分滿意而返南寧。我又問盧柏松先生，他省辦團，動輒發生團閥，爲土劣所利用，桂省何以能免此弊？據盧君言，初辦民團時，即側重訓練中學生充當幹部，其後查戶口，編村甲，亦注意於教育程度之高低。村長、街長必以本村、本街眾望素孚而年在二十五以上、四十五以下之人應選。如本人年齡過老，即推選其子姪，或則拔選受過中學教育者出任，若再無適當人選，即選鄰村鄰街之人，要之嚴禁舊日士劣混入，抑因訓練甚苦，事務甚繁，舊日士劣，實亦無此能力，似此，團務根柢清白，自不至造成團閥云。又或者以為廣西編練民團，將不免於濫用其力，此亦不足為慮，因為廣西共需要二萬五千村長，依已訓練的幹部人數計算，相差尚遠，至於常備隊訓練者亦不為多，後備隊則僅受過一百八十小時的訓練，自衛鄉土或可有用，以之從軍，斷乎不能。況且幹部所受教育，頗屬複雜，小之保護桑梓，大之對外禦侮，或可號召得動，如果濫用於內戰，恐不待出境，便當瓦解。關於這一點，白健生先生還向我說過以下的幾句話：「有人議論我們練民團是教揉升木，等於養成老百姓的造反能力。不知一個政府而怕人民造反，根本就不是好政府，因爲祗要政府好，百姓愛護之不暇，何至起來革命？如果因爲怕人民革命，便不敢養成民眾武力，結果也未必避免得了革命。」這是很透闢的話，值得介紹一下。再者廣西民團經費，是由省府統籌，並非地方自備，村長兼後備隊長，也是有給職，這又是廣西民團易於推行的一因。至於省府何以能籌出幾百萬的民團經費，這更由於廣西僅有三萬軍隊，所以能夠供給訓練民眾武力的經費，這一點尤其希望人們注意！

廣西的教育事業

廣西的教育事業也有許多與各省不同的地方。他們的最高學府即廣西大學，設在梧州，以桂省名宿馬君武先生任校長。馬氏爲留學日本德國的先輩，在柏林大學習化學，曾得工學博士學位。在黨國資格也很老，當過中山先生的祕書長，嗣被派爲廣西省長，今在梧州，專辦大學。西大祇設理工農三院，另有一礦業專修科，主旨全在「注重建設專門人才之養成」。歷史雖然僅有五年，內容卻相當完善，而且因爲馬先生是位行家，所以科學設備，適合於最新、最廉的條件。校長和教職員終日聚首，融洽異常。校內設有機械工場，裝有德製的最新試驗材料機器，差不多是全國任何大學所沒有的。他們不但仿製了若干大學自用的儀器，並且還想要製造供給全省中學應用的物理化學各種儀器。農學院有農場林場，學生不偏重書本的研究，而在野外工作的時間較多。君武的意思，要把西大辦成一所生產機關，自給自足。不必永久依賴政府供給，這是很有意味的一種嘗試。

廣西的中等教育注重職業，這與中央教育最近規畫，甚見吻合。他們的小學教育很有特點。去年十月二十五日省府會議曾經通過了一個議案，名叫「廣西普及國民基礎教育六年計劃大綱」，茲特照錄於次，俾閱者得窺全豹：

㈠ **主旨**：

1. 以政治的力量爲主，經濟的力量及社會的力量爲輔，限於六年之內普及全省國民基礎教育。

2. 以國民基礎教育的力量，助成本省下列各項建設：⑴政治建設；⑵經濟建設；⑶文化建設；⑷社會建設。

㈡ **方法**：

1. 指引全省有志青年重回田園間去，商店中去，工廠中去，——學問與勞動合作方法。
2. 指引全省兒童及成年民眾協助政府，造成鄉村建設運動及民族復興運動——學問勞動與政治合作方法。

㈢ **工作**：國民基礎教育分爲兒童教育及成人教育。

1. 兒童教育：

⑴八足歲至十二足歲之兒童須受兩學年期間之國民基礎教育。

⑵十三足歲至十六足歲之失學兒童須補受一學年期間之短期國民基

礎教育。

2. 成人教育：

(1)補充識字教育。

(2)推進民團訓練。

(3)完密村（街）鄉（鎮）組織。

(4)促成合作運動。前項工作之實施，以國民基礎學校爲中心機關，從而籌劃之，策動之。

(四)**師資**：

1. 儘先就師範學校畢業者任用，並分期徵調訓練，嚴予考績。

2. 儘先就民團幹部訓練大隊舉業生合格者選用，並分期徵調訓練，嚴予考績。

3.就初中以上學校畢業生或修業期滿會考不及格者，徵調訓練後分別任用，繼續指導，嚴予考績。

4.就現任小學教員或具有小學教師資格而志願服務者，徵調訓練後分別任用，並繼續指導，嚴予考績。

5.設法繼續培植眞能爲國民基礎教育服務之未來師資。

(五)**經費**：

1.撥發各縣原有糧賦附加二成義務教育經費。

2.撥用各縣糧賦附加三成教育經費。

3.將來各縣立中學改組，經費由省庫支給後，原有縣立中學經費，全數撥充。

4.撥用其他地方公有資產及經費。

㈥**進行程序**：

1. 研究實驗，設立廣西普及國民基礎教育研究院。

2. 督促輔導，就現在行政區劃分全省爲八個普及國民基礎教育指導區，並於各區內設置國民基礎師範學校。

3. 推廣實施，全省各縣於一定期限內普遍推行國民基礎教育。

㈦**期程**：

1. 民國二十二年十月至二十三年一月廣西普及國民基礎教育研究院籌備成立。

2. 二十四年二月以前廣西普及國民基礎教育指導區及國民基礎師範學校同時成立。

3. 二十五年七月以前全省各村（街）國民基礎學校普遍設立。

4. 二十六年七月以前全省各鄉（鎮）中心國民基礎學校普遍設立。
5. 二十七年七月以前一學年期間之短期國民基礎教育完成。
6. 二十八年七月以前二學年期間之國民基礎教育完成。
7. 二十九年七月以前全省村（街）鄉（鎮）建設初步工作完成。

上文所說的「廣西普及國民基礎教育研究院」設在省城，以教育廳長雷沛鴻先生兼任院長。雷係廣西人，久在英國留學，歷任上海各大學教授，又曾在無錫教育學院任事，對於國民教育極感興趣，主持茲院，非常熱心。我去參觀的時候，雷先生送了我許多參考書籍，最可注意的是他們自編的「國民基礎讀本」，他們爲便於辦事起見，也同民團一樣，把全省分劃爲八個指導區，每區設一指委會，並設一省立國民基礎師範學校。各縣則在相當地點設立中心國民基礎學校，以每一鄉（鎮）

設置一校爲原則，此外每一村或街亦須設一國民基礎學校。指導區內八足歲至十二足歲的學齡兒童，強迫入學，受二年國民基礎教育，十三足歲至十六足歲的失學兒童，亦強迫入學，受短期國民基礎教育，凡各縣未具有國民基礎教育相當程度之壯丁及成年婦女，亦同時施以三個月以上的短期國民基礎教育。

此項國民基礎教育，負有雙重使命：一是教育改造運動，要大眾化、生產化，以達到民族復興爲最後標的。一是社會改造運動，要以教育作工具，完成廣西的新政治、新經濟、新文化、新社會秩序。研究院主辦實驗中心區的三個國民基礎教育學校，試辦半年，據稱成效都頗可觀。約略說來，不外先之以對父老宣傳，多勸學生入學，然後獎勵學生勞作，如校容之整頓、校路之修築、運動場之開闢、小小農場或林場之經營，都由先生帶著學生去做，使學生們得著勞作的訓練。同時對於學生智識，以授課與講演並行不悖，一面利用這個學校，聯絡農村父老，改進農業，修治水利，建築道路，藉為農村建設的推動機關。研究院並要試驗造林、畜牧、籌設園藝場，並擬辦實驗工場，以作推進一切新事業的模範，假以時日，此項改造教育的大運動，結果必有異彩，而且是等教育運動，與民團組織相合，更可以增進民眾自衛、自養、自治的能力，所以廣西的國民基礎教育，正與他們的民團一樣，值得我們注意。

Note

Note

Note

Note

Note

Note

Note

掌中書 028

南遊雜憶

作　　者——胡　適
企劃主編——黃惠娟
叢書企畫——蘇美嬌
責任編輯——魯曉玟
封面設計——姚孝慈
出 版 者——五南圖書出版股份有限公司
發 行 人——楊榮川
總 經 理——楊士清
總 編 輯——楊秀麗

地　　址——臺北市大安區 106 和平東路二段 339 號 4 樓
電　　話——02-27055066（代表號）
傳　　眞——02-27066100
劃撥帳號——01068953
戶　　名——五南圖書出版股份有限公司
網　　址——https://www.wunan.com.tw
電子郵件——wunan@wunan.com.tw

法律顧問——林勝安律師
出版日期——2013 年 2 月初版一刷
　　　　　2024 年 11 月二版一刷
定　　價——250 元

版權所有・翻印必究（缺頁或破損請寄回更換）

國家圖書館出版品預行編目資料

南遊雜憶 / 胡適著 . -- 二版 . -- 臺北市：五南圖書出版股份有限公司 , 2024.11
面；　公分
ISBN 978-626-366-827-0(平裝)

1. 遊記　2. 中國

690　　112020051